Versão Bíblica

NAA

Uma hora com a Bíblia

Publicações Pão Diário

Coordenação editorial: Adolfo A. Hickmann
Tradução: Céfora Carvalho
Revisão: Lozane Winter, Marília P. Lara
Coordenação gráfica: Audrey Novac Ribeiro
Projeto gráfico e capa: Rebeka Werner

Dados internacionais de Catalogação na Publicação (CIP)

Holman Bible Publishers
Uma hora com a Bíblia
Tradução: Céfora Carvalho, Curitiba/PR, Publicações Pão Diário
Título original: *One Hour with the Bible*

1. Vida cristã 2. Leitura bíblica 3. Devocional 4. Espiritualidade

Publicações Pão Diário
Caixa Postal 9740
82620-981 Curitiba/PR, Brasil
publicacoes@paodiario.org
www.publicacoespaodiario.com.br
Telefone: (41) 3257-4028

Código: QW748
ISBN: 978-65-5350-659-6

1ª edição: 2025

Impresso na China

Sumário

Apresentação da proposta de *Uma hora com a Bíblia* 5
Introdução à Nova Almeida Atualizada 7
Uma breve síntese da Bíblia 9
Gênesis 1–2:3 13
Gênesis 2:15–3:24 16
Gênesis 12:1-3 19
Gênesis 17:1-8 19
Êxodo 3:1-15 20
Êxodo 12:21-23,29-32 22
Êxodo 19:3-6 23
Êxodo 20:1-17 24
Salmo 78:1-8,17-39 25
Josué 1:1-9 30
Juízes 2:6-19 31
1 Samuel 7:15–8:8 32
1 Samuel 16:1,6-13 33
2 Samuel 7:8-16 35
2 Crônicas 36:15-21 36
Jeremias 29:4-7,10-14 37
Jeremias 31:31-34 38
Isaías 52:13–53:12 39
Lucas 1:26-35,38 43
Lucas 2:1-7 44
Marcos 1:9-20 45

Mateus 4:23-24 ... 46
Mateus 5:3-12 ... 47
Mateus 6:9-13 ... 48
Mateus 16:13-21 ... 49
Mateus 22:35-40 ... 50
Mateus 26:20-30 ... 51
Lucas 22:39-48 ... 52
João 18:29–19:16 ... 53
Lucas 23:32-56 ... 56
Lucas 24:1-12,36-53 ... 58
Atos 2 ... 60
Romanos 3:21-26 ... 64
Romanos 10:8-13 ... 65
Efésios 2:1-10,13-22 ... 65
Apocalipse 21:1-8 ... 67
Apocalipse 22:16-17,20-21 ... 68

Apresentação da proposta de ***Uma hora com a Bíblia***

Esta obra apresenta passagens do livro mais influente de todas as épocas: a Bíblia. Os textos selecionados fornecem um panorama de Gênesis a Apocalipse. As Escrituras Sagradas são compostas por 66 livros, e seria necessário muito mais do que uma hora para lê-los. Diante disso, este formato compacto consegue abranger, de forma sucinta, aspectos centrais da história bíblica: o amor de Deus por nós na revelação divina; o papel vital e multidimensional das Escrituras em nossa vida; a condição humana e a salvação que há em Deus por meio de Jesus Cristo.

Uma hora com a Bíblia expõe temas como: criação e queda; os Dez Mandamentos e a Lei; vida, ensinamentos, morte e ressurreição de Jesus; nascimento da Igreja, entre outros. Você pode se inteirar da história geral bíblica em uma leitura ininterrupta de uma hora, ou tornar cada porção bíblica a base para uma breve meditação. É uma oportunidade para crescer no relacionamento com Deus, ouvindo a Sua voz por meio da leitura do livro que Ele nos deu.

Separe um tempo para se dedicar à leitura bíblica. Sua vida pode ser tremendamente impactada pela Palavra, pois ela "é inspirada por Deus e útil para o ensino, para a repreensão, para a correção, para a educação na justiça" (2 Timóteo 3:16). Ela é "viva e eficaz" (Hebreus 4:12) para transformar o seu viver.

Tenha uma leitura abençoada!
dos editores de Ministérios Pão Diário

Introdução à
Nova Almeida Atualizada

A Sociedade Bíblica do Brasil (SBB) apresentou, no dia 8 de novembro de 2017, a conclusão de um trabalho de fôlego, abrangendo a revisão de uma das traduções mais lidas e queridas pelos cristãos brasileiros, a *Almeida Revista e Atualizada* (ARA). A revisão, que recebeu o nome de *Nova Almeida Atualizada* (NAA), é fruto de quatro anos de trabalho.

Publicada com exclusividade pela SBB, a *Almeida Revista e Atualizada* atravessou 60 anos sem ter sido submetida a uma revisão mais profunda. A recomendação das Sociedades Bíblicas Unidas (SBU), aliança mundial da qual a SBB faz parte, é que isso seja feito a cada 25 anos. O trabalho de revisão, capitaneado pela SBB, contou com a colaboração das igrejas cristãs, que puderam se manifestar tanto no lançamento do projeto, em 2012, como, mais efetivamente, a partir da edição experimental do Novo Testamento, Salmos e Provérbios, em 2016, já com o texto revisado.

Os parâmetros da revisão foram definidos em conjunto com especialistas da SBB e representantes de diferentes denominações cristãs. A tradução é fiel aos textos originais, sendo baseada nas edições mais recentes dos textos bíblicos nas línguas originais (hebraico, aramaico e grego). Seu texto é ideal para uso na igreja, para ler em voz alta, bem como para leitura, memorização e estudo pessoal. O estilo segue a norma padrão do português culto escrito no Brasil nos dias de hoje.

Assim, a *Nova Almeida Atualizada* tem linguagem atualizada sem abdicar do vocabulário e sintaxe eruditos, riqueza de estilos literários, além de legibilidade e sonoridade. Todos esses predicados, tão apreciados pelo leitor de Almeida, continuam presentes na *Nova Almeida Atualizada*.

Base textual: Os originais da Bíblia

Baseada nas edições mais recentes dos textos bíblicos nas línguas originais (hebraico, aramaico e grego).

Antigo Testamento: Biblia Hebraica Stuttgartensia.

Novo Testamento: O Novo Testamento Grego, 5.ª edição / Nestle-Aland 28.ª edição.

Características da Nova Almeida Atualizada

Texto clássico em uma linguagem atual.

O texto resultante corresponde à norma padrão do português que é escrito no Brasil hoje.

Algumas das principais melhorias

Substituição de termos que exigem consulta ao dicionário.

A segunda pessoa ("tu" e "vós") foi mudada para "você" e "vocês", a não ser em orações e nos Salmos.

Uso da ordem de palavras que é natural em português, em vez da ordem que é natural em hebraico e grego ("respondeu a mulher"® "a mulher respondeu").

Preservação dos níveis literários distintos e do estilo de diferentes escritores.

A poesia bíblica é tratada como poesia também na apresentação gráfica.

Adoção, sempre que possível, de frases mais curtas.

Unidades de peso, medida e capacidade foram convertidas para pesos e medidas que são mais conhecidos e usados pelos leitores de hoje (gramas, metros, litros etc.).

Texto extraído do site da SBB. Disponível em https://www.sbb.org.br/nova-almeida-atualizada

Uma breve **síntese da Bíblia**

No início, o Deus Todo-Poderoso e pessoal criou o Universo. Ele "criou o ser humano à sua imagem, à imagem de Deus o criou; homem e mulher os criou" (Gênesis 1:27) para viverem alegremente em Sua presença, em humilde submissão à Sua graciosa autoridade. Porém, eles se rebelaram contra o Criador e pecaram. Assim, como consequência, sofreram a punição por tal rebelião: separação de Deus, a morte física e o juízo divino. Algo que, conforme afirma o apóstolo Paulo, "passou a toda a humanidade, porque todos pecaram" (Romanos 5:12).

Felizmente, nossa história não termina aí, como condenados pecadores perante Deus. Em Seu amor, o próprio Senhor pôs em ação o Seu plano de resgate, que começou com o chamado de Abraão (Gênesis 12) e a escolha da nação de Israel (Êx 19:4-5) para mostrar Sua glória e Sua salvação ao mundo decaído. A Bíblia relata como Deus agiu poderosamente em favor de Israel, resgatando-o como Seu povo da escravidão no Egito (Êx 7–14) e, em seguida, dando-lhes sua santa Lei, a qual deveriam seguir e obedecer (Êx 20–24). Entretanto, eles não conseguiram cumprir essa missão corretamente, pois abandonaram o Senhor (Jr 2:13).

Séculos se passaram até que "quando chegou a plenitude do tempo, Deus enviou o seu filho, nascido de mulher, nascido sob a lei, para resgatar os que estavam sob a lei, a fim de que [recebessem] a adoção de filhos" (Gl 4:4-5). Deus veio na pessoa de Jesus Cristo, "para que o mundo fosse salvo por ele" (Jo 3:17) e restaurar o Seu povo, pois o "Libertador virá de Sião e afastará de Jacó as impiedades" (Rm 11:26). Jesus obedeceu perfeitamente a Lei divina que prescrevia: "sem derramamento de sangue não há remissão [de pecado]" (Hb 9:22). Cristo, "o Cordeiro de Deus, que tira o pecado do mundo" (Jo 1:29), embora fosse inocente, sofreu as consequências da Queda (Gênesis 3) e pagou, com Sua morte na cruz, o nosso resgate "cancelando o escrito de dívida que era contra nós" (Fp 2:14). E para efetivar Sua vitória sobre o pecado e sobre a morte, três dias depois de ser sepultado, Deus "ressuscitou Cristo dentre os mortos" (Rm 8:11), "nos [reconciliando] consigo mesmo por meio de Cristo" (2Co 5:18).

Após Sua ressurreição, Jesus apareceu a muitos de Seus discípulos antes de Sua ascensão aos Céus (At 1:1-10). Antes de deixar esta Terra, Ele comissionou a todos aqueles que fazem parte da Sua Igreja a ser Suas testemunhas e levar as boas-novas da Sua salvação ao mundo (v.8). Pelo agir do Espírito Santo e por meio do evangelho de Cristo, Deus convida todas as pessoas, em todos os lugares, a se arrependerem de seus pecados, a confiarem somente nele para obter perdão e a receberem o Seu dom gratuito que "é a vida eterna em Cristo Jesus" (Rm 6:23). O arrependimento e a fé restauram nosso relacionamento com o Senhor e resultam em uma vida de contínua transformação, pois "se alguém está em Cristo, é nova criatura; as coisas antigas já passaram; eis que se fizeram novas" (2Co 5:17).

A Bíblia relata também que Jesus Cristo retornará a esta Terra "com poder e grande glória" (Lc 21:27), para trazer o juízo sobre toda a perversidade humana e recompensar aqueles que, em fé, permaneceram fiéis a Ele (Hb 9:27-28). Somente aqueles que "o receberam", a quem lhes foi dado "o poder de serem feitos filhos de Deus, a saber, aos que creem no seu nome" (Jo 1:12), escaparão da condenação eterna e usufruirão da plena alegria na presença do Senhor para todo sempre (Sl 16:11). A mensagem divina é a mesma para todos: "Hoje, se ouvirem a sua voz, não endureçam o coração" (Hb 3:7-8), "arrependam-se e creiam no evangelho" (Mc 1:15), enquanto há tempo. Portanto, confesse com a sua boca "Jesus Cristo como [seu] Senhor e em seu coração [creia] que Deus o ressuscitou dos mortos", assim, "você será salvo" (Rm 10:9).

Uma hora com a
Bíblia

A Bíblia começa com a história de como Deus criou o mundo e fez os seres humanos à Sua imagem. Relata também como eles se rebelaram e trouxeram pecado e morte à Sua criação.

Gênesis 1–2:3

No princípio, Deus criou os céus e a terra.

A terra era sem forma e vazia; havia trevas sobre a face do abismo, e o Espírito de Deus se movia sobre as águas.

Então Deus disse:

—Haja luz!

E houve luz. E Deus viu que a luz era boa e fez separação entre a luz e as trevas.

Deus chamou à luz "dia" e chamou às trevas "noite". Houve tarde e manhã, o primeiro dia.

E Deus disse:

—Haja um firmamento no meio das águas e separação entre águas e águas.

E Deus fez o firmamento e a separação entre as águas debaixo do firmamento e as águas acima do firmamento. E assim aconteceu. E Deus chamou ao firmamento "céus". Houve tarde e manhã, o segundo dia.

E Deus disse:

—Ajuntem-se as águas debaixo dos céus num só lugar, e apareça a porção seca.

E assim aconteceu. Deus chamou à porção seca "terra" e ao ajuntamento de águas chamou "mares". E Deus viu que isso era bom. E Deus disse:

—Que a terra produza relva, ervas que deem semente e árvores frutíferas que deem fruto segundo a sua espécie, cuja semente esteja no fruto sobre a terra.

E assim aconteceu. E a terra produziu relva, ervas que davam semente segundo a sua espécie e árvores que davam fruto, cuja semente estava nele, conforme a sua espécie. E Deus viu que isso era bom. Houve tarde e manhã, o terceiro dia.

E Deus disse:

—Que haja luzeiros no firmamento dos céus, para fazerem separação entre o dia e a noite; e sejam eles para sinais, para estações, para dias e anos. E sirvam de luzeiros no firmamento dos céus, para iluminar a terra.

E assim aconteceu. Deus fez os dois grandes luzeiros: o maior para governar o dia, e o menor para governar a noite; e fez também as estrelas. E os colocou no firmamento dos céus para iluminarem a terra, para governarem o dia e a noite e fazerem separação entre a luz e as trevas. E Deus viu que isso era bom.

Houve tarde e manhã, o quarto dia.

E Deus disse:

—Que as águas sejam povoadas de enxames de seres vivos; e as aves voem sobre a terra, sob o firmamento dos céus.

Assim Deus criou as grandes criaturas marinhas e todos os seres vivos que se movem, os quais povoam as águas, segundo as suas espécies; e todas as aves, segundo as suas espécies. E Deus viu que isso era bom.

E Deus os abençoou, dizendo:

—Sejam fecundos, multipliquem-se e encham as águas dos mares; e, na terra, se multipliquem as aves.

Houve tarde e manhã, o quinto dia.

E Deus disse:

—Que a terra produza seres vivos, conforme a sua espécie: animais domésticos, animais que rastejam e animais selvagens, segundo a sua espécie.

E assim aconteceu. E Deus fez os animais selvagens, segundo a sua espécie, e os animais domésticos, conforme a sua espécie, e todos os animais que rastejam sobre a terra, segundo a sua espécie. E Deus viu que isso era bom.

E Deus disse:

—Façamos o ser humano à nossa imagem, conforme a nossa semelhança. Tenha ele domínio sobre os peixes do mar, sobre as aves dos céus, sobre os animais domésticos, sobre toda a terra e sobre todos os animais que rastejam pela terra.

Assim Deus criou o ser humano à sua imagem, à imagem de Deus o criou; homem e mulher os criou. E Deus os abençoou e lhes disse:

—Sejam fecundos, multipliquem-se, encham a terra e sujeitem-na. Tenham domínio sobre os peixes do mar, sobre as aves dos céus e sobre todo animal que rasteja pela terra.

E Deus disse ainda:

—Eis que lhes tenho dado todas as ervas que dão semente e se acham na superfície de toda a terra e todas as árvores em que há fruto que dê semente; isso servirá de alimento para vocês. E para todos os animais da terra, todas as aves dos céus e todos os animais que rastejam sobre a terra, em que há fôlego de vida, toda erva verde lhes servirá de alimento.

E assim aconteceu. Deus viu tudo o que havia feito, e eis que era muito bom. Houve tarde e manhã, o sexto dia.

Assim, pois, foram acabados os céus e a terra e tudo o que neles há. E, havendo Deus terminado no sétimo dia a sua obra, que tinha feito, descansou nesse dia de toda a obra que tinha feito. E Deus abençoou o sétimo dia e o santificou; porque nele descansou de toda a obra que, como Criador, tinha feito.

Gênesis 2:15–3:24

O SENHOR Deus tomou o homem e o colocou no jardim do Éden para o cultivar e o guardar. E o SENHOR Deus ordenou ao homem:

—De toda árvore do jardim você pode comer livremente, mas da árvore do conhecimento do bem e do mal você não deve comer; porque, no dia em que dela comer, você certamente morrerá.

O SENHOR Deus disse ainda:

—Não é bom que o homem esteja só; farei para ele uma auxiliadora que seja semelhante a ele.

Havendo, pois, o SENHOR Deus formado da terra todos os animais do campo e todas as aves dos céus, trouxe-os a Adão, para ver que nome lhes daria; e o nome que ele desse a todos os seres vivos, esse seria o nome deles. O homem deu nome a todos os animais domésticos, às aves dos céus e a todos os animais selvagens; mas para o homem não se achava uma auxiliadora que fosse semelhante a ele.

Então o SENHOR Deus fez cair um pesado sono sobre o homem, e este adormeceu. Tirou-lhe uma das costelas e fechou o lugar com carne. E da costela que havia tirado do homem, o SENHOR Deus formou uma mulher e a levou até ele. E o homem disse:

"Esta, afinal, é osso dos meus ossos
e carne da minha carne;
será chamada varoa,
porque do varão foi tirada".

Por isso, o homem deixa pai e mãe e se une à sua mulher, tornando-se os dois uma só carne. Ora, um e outro, o homem e a sua mulher, estavam nus e não se envergonhavam.

Mas a serpente, mais astuta que todos os animais selvagens que o SENHOR Deus tinha feito, disse à mulher:

—É verdade que Deus disse: "Não comam do fruto de nenhuma árvore do jardim?".

A mulher respondeu à serpente:

—Do fruto das árvores do jardim podemos comer, mas do fruto da árvore que está no meio do jardim, Deus disse: "Vocês não devem comer dele, nem tocar nele, para que não venham a morrer".

Então a serpente disse à mulher:

—É certo que vocês não morrerão. Porque Deus sabe que, no dia em que dele comerem, os olhos de vocês se abrirão e, como Deus, vocês serão conhecedores do bem e do mal.

Vendo a mulher que a árvore era boa para se comer, agradável aos olhos e árvore desejável para dar entendimento, tomou do seu fruto e comeu; e deu também ao marido, e ele comeu. Então os olhos de ambos se abriram; e, percebendo que estavam nus, costuraram folhas de figueira e fizeram cintas para si.

Ao ouvirem a voz do SENHOR Deus, que andava no jardim quando soprava o vento suave da tarde, o homem e a sua mulher se esconderam da presença do SENHOR Deus, entre as árvores do jardim. E o SENHOR Deus chamou o homem e lhe perguntou:

—Onde você está?

Ele respondeu:

—Ouvi a tua voz no jardim, e, porque estava nu, tive medo, e me escondi.

Deus perguntou:

—Quem lhe disse que você estava nu? Você comeu da árvore da qual ordenei que não comesse?

Então o homem disse:

—A mulher que me deste para estar comigo, ela me deu da árvore, e eu comi.

Então o SENHOR Deus disse à mulher:

—Que é isso que você fez?

A mulher respondeu:

—A serpente me enganou, e eu comi.

Então o Senhor Deus disse à serpente:

—Por causa do que você fez, você é maldita entre todos os animais domésticos e entre todos os animais selvagens. Você rastejará sobre o seu ventre e comerá pó todos os dias da sua vida. Porei inimizade entre você e a mulher, entre a sua descendência e o descendente dela. Este lhe ferirá a cabeça, e você lhe ferirá o calcanhar.

E à mulher ele disse:

—Aumentarei em muito os seus sofrimentos na gravidez; com dor você dará à luz filhos. O seu desejo será para o seu marido, e ele a governará.

E a Adão disse:

—Por ter dado ouvidos à voz de sua mulher e comido da árvore que eu havia ordenado que não comesse, maldita é a terra por sua causa; em fadigas você obterá dela o sustento durante os dias de sua vida. Ela produzirá também espinhos e ervas daninhas, e você comerá a erva do campo. No suor do seu rosto você comerá o seu pão, até que volte à terra, pois dela você foi formado; porque você é pó, e ao pó voltará.

E o homem deu à sua mulher o nome de Eva, por ser a mãe de todos os seres humanos. O Senhor Deus fez roupas de peles, com as quais vestiu Adão e sua mulher.

Então o Senhor Deus disse:

—Eis que o homem se tornou como um de nós, conhecedor do bem e do mal. É preciso impedir que estenda a mão, tome também da árvore da vida, coma e viva eternamente.

Por isso o Senhor Deus o lançou fora do jardim do Éden, para cultivar a terra da qual havia sido tomado. E, depois de lançar fora o homem, Deus colocou querubins a leste do jardim do Éden e uma espada flamejante que se movia em todas as direções, para guardar o caminho da árvore da vida.

Depois que os primeiros seres humanos se rebelaram contra Deus, o pecado e a morte se espalharam pelo mundo com consequências terríveis. Porém, o Senhor deu início ao Seu plano de resgate por meio de um homem que foi chamado à fé e à obediência.

Gênesis 12:1-3

O SENHOR disse a Abrão:

—Saia da sua terra, da sua parentela e da casa do seu pai e vá para a terra que lhe mostrarei. Farei de você uma grande nação, e o abençoarei, e engrandecerei o seu nome. Seja uma bênção! Abençoarei aqueles que o abençoarem e amaldiçoarei aquele que o amaldiçoar. Em você serão benditas todas as famílias da terra.

Gênesis 17:1-8

Quando Abrão atingiu a idade de noventa e nove anos, o SENHOR apareceu a ele e disse:

—Eu sou o Deus Todo-Poderoso; ande na minha presença e seja perfeito. Farei uma aliança entre mim e você e darei a você uma descendência muito numerosa.

Abrão se prostrou com o rosto em terra e Deus lhe falou:

—Quanto a mim, esta é a minha aliança com você: você será pai de muitas nações. O seu nome não será mais Abrão, e sim Abraão, porque eu o constituí pai de muitas nações. Farei com que você seja extraordinariamente fecundo. De você farei surgir nações, e reis procederão de você. Estabelecerei uma aliança entre mim e você e a sua descendência no decurso das suas gerações, aliança perpétua, para ser o seu Deus e o Deus da sua descendência. Darei a você e à sua descendência a terra onde agora você é estrangeiro, toda a terra de Canaã, como propriedade perpétua, e serei o Deus deles.

Jacó, o neto de Abraão, recebeu o nome de Israel e Deus abençoou seus descendentes. Centenas de anos depois, os israelitas foram escravizados pelo faraó no Egito. Contudo, Deus levantou um libertador para o Seu povo.

Êxodo 3:1-15

Moisés apascentava o rebanho de Jetro, o seu sogro, sacerdote de Midiã. E, levando o rebanho para o lado oeste do deserto, chegou a Horebe, o monte de Deus. Ali o Anjo do SENHOR lhe apareceu numa chama de fogo, no meio de uma sarça. Moisés olhou, e eis que a sarça estava em chamas, mas não se consumia. Então disse consigo mesmo:

—Vou até lá para ver essa grande maravilha. Por que a sarça não se queima?

Quando o SENHOR viu que ele se aproximava para ver, Deus, do meio da sarça, o chamou e disse:

—Moisés! Moisés!

Ele respondeu:

—Eis-me aqui!

Deus continuou:

—Não se aproxime! Tire as sandálias dos pés, porque o lugar em que você está é terra santa.

Disse mais:

—Eu sou o Deus de seu pai, o Deus de Abraão, o Deus de Isaque e o Deus de Jacó.

Moisés escondeu o rosto, porque teve medo de olhar para Deus.

Então o SENHOR continuou:

—Certamente vi a aflição do meu povo, que está no Egito, e ouvi o seu clamor por causa dos seus feitores. Conheço o sofrimento do meu povo. Por isso desci a fim de livrá-lo das mãos dos egípcios e para fazê-lo sair daquela terra e levá-lo para uma terra boa e ampla, terra que mana leite e mel; o lugar do cananeu, do heteu, do amorreu, do ferezeu, do heveu e do jebuseu. Pois o clamor dos filhos de Israel chegou até mim, e também vejo a opressão com que os egípcios os estão oprimindo. Agora venha, e eu o enviarei a Faraó, para que você tire do Egito o meu povo, os filhos de Israel.

Então Moisés perguntou a Deus:

—Quem sou eu para ir a Faraó e tirar do Egito os filhos de Israel?

Deus respondeu:

—Eu estarei com você. E este será o sinal de que eu o enviei: depois que você tiver tirado o povo do Egito, vocês adorarão a Deus neste monte.

Moisés disse para Deus:

—Eis que, quando eu for falar com os filhos de Israel e lhes disser: "O Deus dos seus pais me enviou a vocês", eles vão perguntar: "Qual é o nome dele?". E então o que lhes direi?

Deus disse a Moisés:

—EU SOU O QUE SOU.

Disse mais:

—Assim você dirá aos filhos de Israel: "EU SOU me enviou a vocês".

Deus disse ainda mais a Moisés:

—Assim você dirá aos filhos de Israel: "O SENHOR, o Deus dos seus pais, o Deus de Abraão, o Deus de Isaque e o Deus de Jacó, me enviou a vocês. Este é o meu nome eternamente, e assim serei lembrado de geração em geração".

Deus enviou terríveis pragas como julgamento sobre o Egito; a última delas previa a morte de todos os primogênitos. A fim de preservar o Seu povo de tal praga, o Senhor instituiu a Páscoa, como memorial da Sua providência e livramento que trouxe a eles.

Êxodo 12:21-23;29-32

Moisés chamou todos os anciãos de Israel e lhes disse:

—Escolham e peguem cordeiros para as famílias de vocês, e matem esses animais para celebrar a Páscoa. Peguem ramos de hissopo, molhem no sangue que estiver na bacia e marquem a viga superior da porta e suas ombreiras com o sangue que estiver na bacia. E que nenhum de vocês saia da porta da sua casa até pela manhã. Porque o SENHOR passará para matar os egípcios. Quando, porém, enxergar o sangue na viga superior da porta e em ambas as ombreiras, o SENHOR passará por cima da porta e não permitirá que o Destruidor entre na casa de vocês para matá-los.

Aconteceu que, à meia-noite, o SENHOR matou todos os primogênitos na terra do Egito, desde o primogênito de Faraó, que se assentava no seu trono, até o primogênito do prisioneiro que estava na cadeia, e todos os primogênitos dos animais. Faraó levantou-se de noite, ele, todos os seus oficiais e todos os egípcios; e houve grande clamor no Egito, pois não havia casa em que não houvesse um morto. Então, naquela mesma noite, Faraó chamou Moisés e Arão e lhes disse:

—Levantem-se e saiam do meio do meu povo, vocês e os filhos de Israel! Vão e adorem o SENHOR, como vocês disseram. Levem também com vocês as suas ovelhas e o seu gado, como vocês pediram. Vão embora e abençoem também a mim.

Depois que os israelitas foram libertos do Egito, Deus os conduziu ao monte Sinai, lá o Senhor falou com Moisés e lhe entregou a Sua Lei, incluindo os Dez Mandamentos, para que o Seu povo fosse instruído nela.

Êxodo 19:3-6

Moisés subiu para encontrar-se com Deus. E do monte o SENHOR o chamou e lhe disse:

—Assim você falará à casa de Jacó e anunciará aos filhos de Israel: "Vocês viram o que fiz aos egípcios e como levei vocês sobre asas de águia e os trouxe para perto de mim. Agora, pois, se ouvirem atentamente a minha voz e guardarem a minha aliança, vocês serão a minha propriedade peculiar dentre todos os povos. Porque toda a terra é minha, e vocês serão para mim um reino de sacerdotes e uma nação santa". São estas as palavras que você falará aos filhos de Israel.

Êxodo 20:1-17

Então Deus falou todas estas palavras:

—Eu sou o SENHOR, seu Deus, que o tirei da terra do Egito, da casa da servidão.

—Não tenha outros deuses diante de mim.

—Não faça para você imagem de escultura, nem semelhança alguma do que há em cima no céu, nem embaixo na terra, nem nas águas debaixo da terra. Não adore essas coisas, nem preste culto a elas, porque eu, o SENHOR, seu Deus, sou Deus zeloso, que visito a iniquidade dos pais nos filhos até a terceira e quarta geração daqueles que me odeiam, mas faço misericórdia até mil gerações daqueles que me amam e guardam os meus mandamentos.

—Não tome o nome do SENHOR, seu Deus, em vão, porque o SENHOR não terá por inocente o que tomar o seu nome em vão.

—Lembre-se do dia de sábado, para o santificar. Seis dias você trabalhará e fará toda a sua obra, mas o sétimo dia é o sábado dedicado ao SENHOR, seu Deus. Não faça nenhum trabalho nesse dia, nem você, nem o seu filho, nem a sua filha, nem o seu servo, nem a sua serva, nem o seu animal, nem o estrangeiro das suas portas para dentro. Porque em seis dias o SENHOR fez os céus e a terra, o mar e tudo o que neles há e, ao sétimo dia, descansou; por isso o SENHOR abençoou o dia de sábado e o santificou.

—Honre o seu pai e a sua mãe, para que você tenha uma longa vida na terra que o SENHOR, seu Deus, lhe dá.

—Não mate.

—Não cometa adultério.

—Não furte.

—Não dê falso testemunho contra o seu próximo.

—Não cobice a casa do seu próximo. Não cobice a mulher do seu próximo, nem o seu servo, nem a sua serva, nem o seu boi, nem o seu jumento, nem coisa alguma que pertença ao seu próximo.

O povo se rebelou contra Deus e, por isso,
vagou pelo deserto por mais de 40 anos até conquistar a
Terra Prometida. Anos depois,
às gerações posteriores dos israelitas cantaram
sobre os pecados de seus antepassados
e sobre a misericórdia de Deus para com eles.

Salmo 78:1-8,17-39

Meu povo, escute a minha lei;
dê ouvidos às palavras
da minha boca.

Abrirei os meus lábios
para proferir parábolas
e publicarei enigmas
dos tempos antigos.
O que ouvimos e aprendemos,
o que os nossos pais
nos contaram,
não o encobriremos
a seus filhos;
contaremos à geração vindoura
os louvores do SENHOR,
e o seu poder,
e as maravilhas que fez.

Ele estabeleceu
um testemunho em Jacó,
e instituiu uma lei em Israel,
e ordenou aos nossos pais
que os transmitissem a seus filhos,
a fim de que a nova geração
os conhecesse,
e os filhos que ainda hão de nascer
se levantassem e, por sua vez,
os contassem
aos seus descendentes;
para que pusessem
a sua confiança em Deus
e não se esquecessem
dos feitos de Deus,
mas lhe observassem
os mandamentos;

e que não fossem,
como seus pais,
geração obstinada e rebelde,
geração de coração inconstante,
e cujo espírito não foi fiel a Deus.
Mas, ainda assim, continuaram
a pecar contra ele
e se rebelaram, no deserto,
contra o Altíssimo.
Tentaram a Deus no seu coração,
pedindo alimento
que lhes fosse do gosto.

Falaram contra Deus, dizendo:
"Será que Deus pode preparar-nos
uma mesa no deserto?
É verdade que ele feriu a rocha,
e dela manaram águas,
transbordaram as torrentes.
Mas será que ele pode
dar-nos pão também?
Ou fornecer carne
para o seu povo?".

Ouvindo isto,
o SENHOR ficou indignado;
acendeu-se fogo contra Jacó,
e também se levantou
o seu furor contra Israel,
porque não creram em Deus,
nem confiaram na sua salvação.

Mesmo assim,
deu ordens às nuvens
e abriu as portas dos céus;
fez chover maná sobre eles,
para alimentá-los,
e lhes deu cereal do céu.

Todos comeram o pão dos anjos;
ele enviou-lhes comida à vontade.
Fez soprar no céu
o vento do Oriente
e pelo seu poder conduziu
o vento do Sul.

Também fez chover sobre eles
carne como poeira
e aves numerosas
como a areia do mar.

Fez com que caíssem
no meio do arraial deles,
ao redor de suas tendas.
Então comeram
e se fartaram a valer;
pois lhes fez o que desejavam.

Porém não reprimiram o apetite.
Ainda tinham o alimento na boca,
quando se elevou contra eles
a ira de Deus,
e entre os seus mais robustos

semeou a morte,
e prostrou os jovens de Israel.

Apesar de tudo isso,
continuaram a pecar
e não creram
nas maravilhas de Deus.

Por isso, ele fez
com que os seus dias
se dissipassem num sopro
e os seus anos, em súbito terror.

Quando os fazia morrer,
eles o buscavam;
arrependidos, procuravam Deus.
Lembravam-se de que Deus
era a sua rocha
e o Deus Altíssimo, o seu Redentor.

Lisonjeavam-no, porém de boca,
e com a língua lhe mentiam.
Porque o coração deles
não era firme para com ele,
nem foram fiéis à sua aliança.

Ele, porém, que é misericordioso,
perdoa a iniquidade e não destrói;
muitas vezes desvia a sua ira
e não desperta

toda a sua indignação.
Lembra-se de que eles são
simples mortais,
vento que passa e não volta mais.

Quando Moisés morreu, Deus comissionou Josué para liderar os israelitas na conquista terra que o Senhor havia lhes prometido. Depois de estabelecidos em Canaã, Deus levantou juízes para libertar Seu povo de seus inimigos, mas eles continuaram a pecar e, por fim, Israel pediu um rei, pois queriam ser como as nações vizinhas.

Josué 1:1-9

Depois que Moisés, servo do Senhor, morreu, o SENHOR falou a Josué, filho de Num, auxiliar de Moisés, dizendo:

—Moisés, meu servo, está morto. Prepare-se, agora, e passe este Jordão, você e todo este povo, e entre na terra que eu vou dar aos filhos de Israel. Todo lugar em que puserem a planta do pé eu darei a vocês, como prometi a Moisés. O território de vocês irá desde o deserto e o Líbano até o grande rio, o rio Eufrates, estendendo-se através de toda a terra dos heteus e até o mar Grande, na direção do poente do sol. Ninguém poderá resistir a você todos os dias da sua vida. Assim como estive com Moisés, estarei com você. Não o deixarei, nem o abandonarei.

Seja forte e corajoso, porque você fará este povo herdar a terra que, sob juramento, prometi dar aos pais deles. Tão somente seja forte e muito corajoso para que você tenha o cuidado de fazer segundo toda a Lei que o meu servo Moisés lhe ordenou. Não se desvie dela, nem para a direita nem para a esquerda, para que seja bem-sucedido por onde quer que você andar. Não cesse de falar deste Livro da Lei; pelo contrário, medite nele dia e noite, para que você tenha o cuidado de fazer segundo tudo o que nele está escrito; então você prosperará e será bem-sucedido. Não foi isso que eu ordenei? Seja forte e corajoso! Não tenha medo, nem fique assustado, porque o SENHOR, seu Deus, estará com você por onde quer que você andar.

Juízes 2:6-19

Depois que Josué despediu o povo, os filhos de Israel se foram, cada um à sua herança, para possuírem a terra. O povo serviu o SENHOR todos os dias de Josué e todos os dias dos anciãos que ainda sobreviveram por muito tempo depois de Josué e que viram todas as grandes obras que o SENHOR tinha feito por Israel.

Josué, filho de Num, servo do SENHOR, morreu com a idade de cento e dez anos. Foi sepultado em sua própria herança, em Timnate-Heres, na região montanhosa de Efraim, ao norte do monte Gaás.

Toda aquela geração também morreu e foi reunida aos seus pais. E, depois dela, se levantou uma nova geração, que não conhecia o SENHOR, nem as obras que ele havia feito por Israel. Então os filhos de Israel fizeram o que era mau aos olhos do Senhor, servindo os baalins. Deixaram o SENHOR, Deus de seus pais, que os havia tirado da terra do Egito, e seguiram outros deuses, os deuses dos povos que havia ao redor deles, e os adoraram, e provocaram o SENHOR à ira. Porque deixaram o SENHOR e serviram Baal e Astarote. A ira do SENHOR se acendeu contra Israel e ele os entregou nas mãos de ladrões que os despojavam do que possuíam. Ele os entregou nas mãos dos seus inimigos ao redor; e não puderam mais resistir a eles. Por onde quer que fossem, a mão do SENHOR estava contra eles para seu mal, como o SENHOR lhes tinha dito e como lhes havia jurado. E estavam em grande aperto.

Então o SENHOR suscitou juízes, que os livraram das mãos dos que os atacavam e roubavam. Mas eles não obedeceram aos seus juízes; pelo contrário, se prostituíram com outros deuses e os adoraram. Depressa se desviaram do caminho por onde andaram seus pais na obediência aos mandamentos do SENHOR; e não fizeram como eles.

Quando o SENHOR lhes suscitava juízes, o SENHOR estava com o juiz e os livrava das mãos dos seus inimigos, todos os dias daquele juiz; porque o SENHOR se compadecia deles ante os seus gemidos, por causa dos que os afligiam e oprimiam. Mas, quando o juiz morria, eles voltavam a viver como antes e se tornavam piores do que os seus pais, seguindo outros deuses, servindo-os e adorando-os. Não abandonavam nenhuma das suas práticas, nem a sua obstinação.

1 Samuel 7:15–8:8

E Samuel julgou Israel durante todos os dias de sua vida. De ano em ano, fazia uma volta, passando por Betel, Gilgal e Mispa; e julgava Israel em todos esses lugares. Porém voltava a Ramá, porque a sua casa estava ali, onde julgava Israel e onde edificou um altar ao SENHOR.

Quando Samuel ficou velho, constituiu os seus filhos por juízes sobre Israel. O primogênito se chamava Joel, e o segundo se chamava Abias. Eles foram juízes em Berseba. Porém os filhos de Samuel não andaram pelos caminhos dele; ao contrário, inclinaram-se à avareza, aceitavam suborno e perverteram o direito.

Então todos os anciãos de Israel se congregaram e foram falar com Samuel, em Ramá. Eles disseram:

—Veja! Você está ficando velho e os seus filhos não andam pelos seus caminhos. Por isso, queremos agora que você nos constitua um rei, para que nos governe, como acontece em todas as nações.

Mas Samuel não gostou desta palavra, quando disseram: "Dê-nos um rei, para que nos governe". Então Samuel orou ao SENHOR. E o SENHOR disse a Samuel:

—Atenda à voz do povo em tudo o que lhe pedem. Porque não foi a você que rejeitaram, mas a mim, para que eu não reine sobre eles. Segundo todas as obras que fizeram desde o dia em que os tirei do Egito até hoje, pois me deixaram e serviram outros deuses, assim também estão fazendo com você.

O primeiro monarca de Israel, Saul, rejeitou Deus e, por isso, o Senhor enviou Samuel para ungir outro rei no lugar dele, um homem conforme o Seu coração.

1 Samuel 16:1,6-13

O SENHOR disse a Samuel:

—Encha um chifre de azeite e ponha-se a caminho; vou enviar você a Jessé, o belemita, porque escolhi um dos filhos dele para ser rei.

Aconteceu que, quando eles chegaram, Samuel viu Eliabe e disse consigo:

—Certamente está diante do SENHOR o seu ungido.

Porém o SENHOR disse a Samuel:

—Não olhe para a sua aparência nem para a sua altura, porque eu o rejeitei. Porque o SENHOR não vê como o ser humano vê. O ser humano vê o exterior, porém o SENHOR vê o coração.

Então Jessé chamou Abinadabe e o fez passar diante de Samuel, que disse:

—Nem a este o SENHOR escolheu.

Então Jessé fez passar Samá. Porém Samuel disse:

—Tampouco a este o SENHOR escolheu.

Assim Jessé fez passar os seus sete filhos diante de Samuel. Porém Samuel disse a Jessé:

—O SENHOR não escolheu nenhum destes.

E perguntou a Jessé:

—Esses são todos os seus filhos?

Jessé respondeu:

—Ainda falta um, o mais moço; ele está apascentando as ovelhas.

Então Samuel disse a Jessé:

—Mande chamá-lo, pois não nos sentaremos à mesa sem que ele venha.

Então mandou chamá-lo e o fez entrar. Davi era ruivo, de belos olhos e boa aparência. E o SENHOR disse a Samuel:

—Levante-se e unja-o, pois este é ele.

Samuel pegou o chifre do azeite e ungiu Davi no meio de seus irmãos. E, daquele dia em diante, o Espírito do SENHOR se apossou de Davi.

Deus fez uma aliança com Davi, rei descrito como "um homem segundo o coração de Deus".

2 Samuel 7:8-16

—Agora diga ao meu servo Davi: Assim diz o SENHOR dos Exércitos: "Eu tirei você das pastagens e do trabalho de andar atrás das ovelhas, para que você fosse príncipe sobre o meu povo, sobre Israel. Estive com você por onde quer que você andou e eliminei todos os seus inimigos diante de você. Engrandecerei o seu nome, como só os grandes têm na terra. Prepararei um lugar para o meu povo, para Israel, e o plantarei para que habite no seu lugar e não seja mais perturbado. E jamais os filhos da perversidade o afligirão, como no passado, desde o dia em que mandei que houvesse juízes sobre o meu povo de Israel. Eu lhe darei descanso de todos os seus inimigos. O SENHOR também lhe faz saber que ele, o SENHOR, fará uma casa para você. Quando os seus dias se completarem e você descansar com os seus pais, então farei surgir depois de você o seu descendente, que procederá de você, e estabelecerei o seu reino. Este edificará um templo ao meu nome, e eu estabelecerei para sempre o trono do seu reino. Eu lhe serei por pai, e ele me será por filho. Se vier a transgredir, eu o castigarei com varas de homens e com açoites de filhos de homens. Mas a minha misericórdia não se afastará dele, como a retirei de Saul, a quem tirei de diante de você. Quanto a você, a sua casa e o seu reino serão firmados para sempre diante de mim; o seu trono será estabelecido para sempre".

Após o reinado de Salomão,
filho de Davi, o reino de Israel foi dividido,
reino Sul e reino Norte, e seguiram-se
gerações de reis. Alguns eram fiéis ao Senhor
e outros não. Por fim, Deus julgou o povo
permitindo que outras nações o conquistassem.

2 Crônicas 36:15-21

O SENHOR, Deus de seus pais, sempre de novo falou-lhes por meio dos seus mensageiros, porque teve compaixão do seu povo e da sua própria morada. Mas eles zombaram dos mensageiros de Deus, desprezaram as palavras dele e debocharam dos seus profetas, até que a ira do SENHOR veio sobre o seu povo, e não houve mais remédio.

Por isso, o SENHOR trouxe contra eles o rei dos caldeus, que matou os seus jovens à espada, na casa do santuário deles. Não teve piedade nem dos jovens nem das moças, nem dos adultos nem dos velhos; entregou todos nas mãos do rei dos caldeus. Todos os utensílios da Casa de Deus, grandes e pequenos, os tesouros da Casa do SENHOR e os tesouros do rei e dos seus príncipes, tudo ele levou para a Babilônia. Os caldeus queimaram a Casa de Deus e derrubaram a muralha de Jerusalém. Queimaram todos os seus palácios, destruindo também todos os seus objetos de valor. Os que escaparam da espada, a esses ele levou para a Babilônia, onde se tornaram escravos dele e de seus filhos, até o tempo do reino da Pérsia. Isto aconteceu para que se cumprisse a palavra do SENHOR, por boca de Jeremias, até que a terra desfrutasse dos seus sábados. Durante todos os dias da sua desolação a terra repousou, até que os setenta anos se cumpriram.

Mesmo no exílio, Deus preservou um remanescente de Seu povo e prometeu, por meio do profeta Jeremias, restaurá-los a sua terra, levando-os de volta e estabelecendo com eles uma nova aliança.

Jeremias 29:4-7,10-14

Assim diz o Senhor dos Exércitos, o Deus de Israel, a todos os exilados que eu deportei de Jerusalém para a Babilônia:

"Construam casas e morem nelas; plantem pomares e comam o seu fruto. Casem e tenham filhos e filhas; escolham esposas para os filhos de vocês e deem as suas filhas em casamento, para que tenham filhos e filhas. Aumentem em número e não diminuam aí na Babilônia! Procurem a paz da cidade para onde eu os deportei e orem por ela ao Senhor; porque na sua paz vocês terão paz".

Assim diz o Senhor: "Logo que se cumprirem para a Babilônia setenta anos, atentarei para vocês e cumprirei a promessa que fiz a vocês, trazendo-os de volta a este lugar. Eu é que sei que pensamentos tenho a respeito de vocês", diz o Senhor. "São pensamentos de paz e não de mal, para dar-lhes um futuro e uma esperança. Então vocês me invocarão, se aproximarão de mim em oração, e eu os ouvirei. Vocês me buscarão e me acharão quando me buscarem de todo o coração. Serei achado por vocês", diz o SENHOR, "e farei com que mude a sorte de vocês. Eu os congregarei de todas as nações e de todos os lugares para onde os dispersei", diz o SENHOR, "e trarei vocês de volta ao lugar de onde os mandei para o exílio".

Jeremias 31:31-34

—Eis aí vêm dias, diz o SENHOR, em que firmarei nova aliança com a casa de Israel e com a casa de Judá. Não segundo a aliança que fiz com os seus pais, no dia em que os tomei pela mão, para os tirar da terra do Egito; pois eles quebraram a minha aliança, apesar de eu ter sido seu esposo, diz o SENHOR. Porque esta é a aliança que farei com a casa de Israel, depois daqueles dias, diz o SENHOR: Na mente lhes imprimirei as minhas leis, também no seu coração as inscreverei; eu serei o Deus deles, e eles serão o meu povo. Não ensinará jamais cada um ao seu próximo, nem cada um ao seu irmão, dizendo: "Conheça o SENHOR!". Porque todos me conhecerão, desde o menor até o maior deles, diz o SENHOR. Pois perdoarei as suas iniquidades e dos seus pecados jamais me lembrarei.

Os profetas previram um tempo em que o Messias viria para resgatar o povo de Deus do exílio. Séculos antes da época de Cristo, Isaías profetizou sobre um Servo misterioso, um Homem de dores, que tomaria sobre si os pecados do povo a fim de trazer a redenção a ele.

Isaías 52:13–53:12

"Eis que o meu Servo
procederá com prudência;
será exaltado e elevado,
e será mui sublime.

Como muitos pasmaram
à vista dele —
pois o seu aspecto
estava tão desfigurado,
mais do que o de outro qualquer,
e a sua aparência,
mais do que a dos outros
filhos dos homens —,
assim causará
admiração às nações,
e os reis fecharão a sua boca
por causa dele.

Porque verão aquilo
que não lhes foi anunciado,
e entenderão aquilo
que não tinham ouvido."

Quem creu em nossa pregação?
E a quem foi revelado
o braço do SENHOR?

Porque foi subindo
como um renovo diante dele
e como raiz de uma terra seca.

Não tinha boa aparência
nem formosura;
olhamos para ele,
mas não havia nenhuma beleza
que nos agradasse.

Era desprezado e o mais rejeitado
entre os homens,
homem de dores e que sabe
o que é padecer.
E, como um de quem os homens
escondem o rosto,
era desprezado,
e dele não fizemos caso.

Certamente ele tomou sobre si
as nossas enfermidades
e as nossas dores levou sobre si;

e nós o considerávamos
como aflito,
ferido de Deus e oprimido.

Mas ele foi traspassado
por causa das nossas
transgressões
e esmagado por causa
das nossas iniquidades;
o castigo que nos traz a paz
estava sobre ele,
e pelas suas feridas fomos sarados.

Todos nós andávamos
desgarrados como ovelhas;
cada um se desviava
pelo seu próprio caminho,
mas o SENHOR fez cair sobre ele
a iniquidade de todos nós.

Ele foi oprimido e humilhado,
mas não abriu a boca.
Como cordeiro foi levado
ao matadouro
e, como ovelha muda
diante dos seus tosquiadores,
ele não abriu a boca.

Pela opressão e pelo juízo,
ele foi levado,
e de sua linhagem,

quem se preocupou com ela?

Porque ele foi cortado
da terra dos viventes;
foi ferido por causa
da transgressão do meu povo.

Designaram-lhe a sepultura
com os ímpios,
mas com o rico esteve
na sua morte,
embora não tivesse feito injustiça,
e nenhum engano fosse
encontrado em sua boca.

Todavia, ao SENHOR
agradou esmagá-lo,
fazendo-o sofrer.

Quando ele der a sua alma
como oferta pelo pecado,
verá a sua posteridade
e prolongará os seus dias;
e a vontade do SENHOR
prosperará nas suas mãos.
Ele verá o fruto do trabalho
de sua alma
e ficará satisfeito.

O meu Servo, o Justo,
com o seu conhecimento

justificará a muitos,
porque as iniquidades deles
levará sobre si.

Por isso, eu lhe darei a sua parte
com os grandes,
e com os poderosos
ele repartirá o despojo,
pois derramou a sua alma
na morte
e foi contado
com os transgressores.

Contudo, levou sobre si
o pecado de muitos
e pelos transgressores intercedeu.

Agora, o plano de redenção
de Deus avança no Novo Testamento
com o nascimento de Jesus Cristo.

Lucas 1:26-35,38

No sexto mês, o anjo Gabriel foi enviado por Deus a uma cidade da Galileia, chamada Nazaré, a uma virgem que estava comprometida a casar com um homem da casa de Davi, cujo nome era José. A virgem se chamava Maria. E, aproximando-se dela, o anjo disse:

—Salve, agraciada! O Senhor está com você.

Ela, porém, ao ouvir esta palavra, perturbou-se muito e pôs-se a pensar no que poderia significar esta saudação. Mas o anjo lhe disse:

—Não tenha medo, Maria; porque você foi abençoada por Deus. Você ficará grávida e dará à luz um filho, a quem chamará pelo nome de Jesus. Este será grande e será chamado Filho do Altíssimo. Deus, o Senhor, lhe dará o trono de Davi, seu pai. Ele reinará para sempre sobre a casa de Jacó, e o seu reinado não terá fim.

Então Maria disse ao anjo:

—Como será isto, se eu nunca tive relações com homem algum?

O anjo respondeu:

—O Espírito Santo virá sobre você, e o poder do Altíssimo a envolverá com a sua sombra; por isso, também o ente santo que há de nascer será chamado Filho de Deus.

Então Maria disse:

—Aqui está a serva do Senhor; que aconteça comigo conforme a sua palavra.

Então o anjo foi embora.

Lucas 2:1-7

Naqueles dias, foi publicado um decreto de César Augusto, convocando toda a população do Império para recensear-se. Este, o primeiro recenseamento, foi feito quando Quirino era governador da Síria. Todos iam alistar-se, cada um à sua própria cidade. José também saiu da Galileia, da cidade de Nazaré, e foi para a Judeia, até a cidade de Davi, chamada Belém, por ser ele da casa e família de Davi, a fim de alistar-se com Maria, sua esposa, que estava grávida. E aconteceu que, estando eles ali, chegou o tempo de ela ter a criança. Então Maria deu à luz o seu filho primogênito, enfaixou o menino e o deitou numa manjedoura, porque não havia lugar para eles na hospedaria.

O ministério terreno de Jesus inicia-se após Ele ser batizado no rio Jordão por João Batista e enfrentar a tentação no deserto. Assim, Ele começou a proclamar o evangelho, anunciando que o Reino de Deus havia chegado.

Marcos 1:9-20

Naqueles dias, Jesus veio de Nazaré da Galileia e foi batizado por João no rio Jordão. Logo ao sair da água, Jesus viu os céus se abrindo e o Espírito descendo como pomba sobre ele. Então veio uma voz dos céus, que dizia:

—Você é o meu Filho amado; em você me agrado.

E logo o Espírito conduziu Jesus ao deserto, onde ficou durante quarenta dias, sendo tentado por Satanás. Estava com as feras, e os anjos o serviam.

Depois de João ter sido preso, Jesus foi para a Galileia, pregando o evangelho de Deus. Ele dizia:

—O tempo está cumprido, e o Reino de Deus está próximo; arrependam-se e creiam no evangelho.

Caminhando junto ao mar da Galileia, Jesus viu os irmãos Simão e André, que lançavam a rede ao mar, porque eram pescadores. Jesus lhes disse:

—Venham comigo, e eu farei com que sejam pescadores de gente.

Então eles deixaram imediatamente as redes e o seguiram. Pouco mais adiante, Jesus viu Tiago, filho de Zebedeu, e João, seu irmão, que estavam no barco consertando as redes, e logo os chamou. E eles seguiram Jesus, deixando o seu pai Zebedeu no barco com os empregados.

Mateus 4:23-24

Jesus percorria toda a Galileia, ensinando nas sinagogas, pregando o evangelho do Reino e curando todo tipo de doenças e enfermidades entre o povo. E a sua fama correu por toda a Síria. Trouxeram-lhe, então, todos os doentes, acometidos de várias enfermidades e tormentos: endemoniados, epilépticos e paralíticos. E ele os curou.

Além de realizar milagres, Jesus ensinou com autoridade e explicou como o povo de Deus deve se portar e como deve orar.

Mateus 5:3-12

—Bem-aventurados
os pobres em espírito,
porque deles é o Reino dos Céus.
—Bem-aventurados
os que choram,
porque serão consolados.
—Bem-aventurados os mansos,
porque herdarão a terra.
—Bem-aventurados
os que têm fome
e sede de justiça,
porque serão saciados.
—Bem-aventurados
os misericordiosos,
porque alcançarão misericórdia.
—Bem-aventurados
os limpos de coração,
porque verão a Deus.
—Bem-aventurados
os pacificadores,
porque serão chamados
filhos de Deus.
—Bem-aventurados
os perseguidos
por causa da justiça,
porque deles é o Reino dos Céus.

—Bem-aventurados são vocês quando, por minha causa, os insultarem e os perseguirem, e, mentindo, disserem todo mal contra vocês.

Alegrem-se e exultem, porque é grande a sua recompensa nos céus; pois assim perseguiram os profetas que viveram antes de vocês.

Mateus 6:9-13

—Portanto, orem assim:

"Pai nosso, que estás nos céus,
santificado seja o teu nome;
venha o teu Reino;
seja feita a tua vontade,
assim na terra como no céu;
o pão nosso de cada dia
nos dá hoje;
e perdoa-nos as nossas dívidas,
assim como nós
também perdoamos
aos nossos devedores;
e não nos deixes
cair em tentação;
mas livra-nos do mal
[pois teu é o Reino,
o poder e a glória
para sempre. Amém][1]!

[1] O texto entre colchetes se encontra apenas em manuscritos mais recentes.

A identidade de Jesus como o Messias, há muito prometido, ficou cada vez mais nítida no decorrer de Seu ministério terreno, e Ele começou a predizer Sua morte que futuramente ocorreria.

Mateus 16:13-21

Indo Jesus para a região de Cesareia de Filipe, perguntou a seus discípulos:

—Quem os outros dizem que é o Filho do Homem?

E eles responderam:

—Uns dizem que é João Batista; outros dizem que é Elias; e outros dizem que é Jeremias ou um dos profetas.

Ao que Jesus perguntou:

—E vocês, quem dizem que eu sou?

Respondendo, Simão Pedro disse:

—O senhor é o Cristo, o Filho do Deus vivo.

Então Jesus lhe afirmou:

—Bem-aventurado é você, Simão Barjonas, porque não foi carne e sangue que revelaram isso a você, mas meu Pai, que está nos céus. Também eu lhe digo que você é Pedro, e sobre esta pedra edificarei a minha igreja, e as portas do inferno não prevalecerão contra ela. Eu lhe darei as chaves do Reino dos Céus; o que você ligar na terra terá sido ligado nos céus; e o que você desligar na terra terá sido desligado nos céus.

Então Jesus ordenou aos discípulos que não dissessem a ninguém que ele era o Cristo.

Desde esse tempo, Jesus começou a mostrar aos seus discípulos que era necessário que ele fosse para Jerusalém, sofresse muitas coisas nas mãos dos anciãos, dos principais sacerdotes e dos escribas, fosse morto e, no terceiro dia, ressuscitasse.

Mateus 22:35-40

E um deles, intérprete da Lei, querendo pôr Jesus à prova, perguntou-lhe:

—Mestre, qual é o grande mandamento na Lei?

Jesus respondeu:

—"Ame o Senhor, seu Deus, de todo o seu coração, de toda a sua alma e de todo o seu entendimento". Este é o grande e primeiro mandamento. E o segundo, semelhante a este, é: "Ame o seu próximo como você ama a si mesmo". Destes dois mandamentos dependem toda a Lei e os Profetas.

A conspiração contra Jesus tomou forma durante a celebração da Páscoa, e foi por volta dessa ocasião que Ele realizou Sua última ceia com Seus discípulos.

Mateus 26:20-30

Ao cair da tarde, Jesus pôs-se à mesa com os doze discípulos. E, enquanto comiam, Jesus disse:

—Em verdade lhes digo que um de vocês vai me trair.

E eles, muito entristecidos, começaram um por um a perguntar-lhe:

—Por acaso seria eu, Senhor?

Jesus respondeu:

—O que comigo põe a mão no prato, esse vai me trair. O Filho do Homem vai, como está escrito a seu respeito; mas ai daquele por quem o Filho do Homem está sendo traído! Melhor seria para ele se nunca tivesse nascido!

Então Judas, que o traía, perguntou:

—Por acaso sou eu, Mestre?

Jesus respondeu:

—Você acabou de dizer isso.

Enquanto comiam, Jesus pegou um pão, e, abençoando-o, o partiu e deu aos discípulos, dizendo:

—Tomem, comam; isto é o meu corpo.

A seguir, Jesus pegou um cálice e, tendo dado graças, o deu aos seus discípulos, dizendo:

—Bebam todos dele; porque isto é o meu sangue, o sangue da aliança, derramado em favor de muitos, para remissão de pecados. E digo a vocês que, desta hora em diante, nunca mais beberei deste fruto da videira, até aquele dia em que beberei com vocês o vinho novo, no Reino de meu Pai.

E, tendo cantado um hino, saíram para o monte das Oliveiras.

Lucas 22:39-48

E, saindo, Jesus foi, como de costume, para o monte das Oliveiras; e os discípulos o acompanharam. Chegando ao lugar escolhido, Jesus lhes disse:

—Orem, para que vocês não caiam em tentação.

Ele, por sua vez, se afastou um pouco, e, de joelhos, orava, dizendo:

—Pai, se queres, afasta de mim este cálice! Contudo, não se faça a minha vontade, e sim a tua.

Então lhe apareceu um anjo do céu que o confortava. E, estando em agonia, orava mais intensamente. E aconteceu que o suor dele se tornou como gotas de sangue caindo sobre a terra. Levantando-se da oração, Jesus foi até onde os discípulos estavam, e os encontrou dormindo de tristeza. E disse:

—Por que vocês estão dormindo? Levantem-se e orem, para que não caiam em tentação.

Enquanto Jesus ainda falava, eis que chegou uma multidão. E um dos doze, que se chamava Judas, vinha à frente deles e se aproximou de Jesus para o beijar. Jesus, porém, lhe disse:

—Judas, com um beijo você trai o Filho do Homem?

Jesus passou por uma série de julgamentos que culminaram com Sua presença diante de Pilatos, o governante romano da região onde o Senhor vivia.

João 18:29–19:16

Então Pilatos saiu para falar com eles e perguntou:

—Que acusação vocês trazem contra este homem?

Eles responderam:

—Se este não fosse malfeitor, não o teríamos entregue ao senhor.

Então Pilatos disse:

—Levem-no daqui e julguem-no segundo a lei de vocês.

Ao que os judeus responderam:

—Não nos é lícito matar ninguém.

Isso aconteceu para que se cumprisse a palavra de Jesus, significando com que tipo de morte estava para morrer.

Pilatos entrou novamente no Pretório, chamou Jesus e lhe perguntou:

—Você é o rei dos judeus?

Jesus respondeu:

—Esta pergunta vem do senhor mesmo ou foram outros que lhe falaram a meu respeito?

Pilatos respondeu:

—Por acaso sou judeu? A sua própria gente e os principais sacerdotes é que o entregaram a mim. Que foi que você fez?

Jesus respondeu:

—O meu Reino não é deste mundo. Se o meu Reino fosse deste mundo, os meus ministros se empenhariam por mim, para que eu não fosse entregue aos judeus. Mas agora o meu Reino não é daqui.

Pilatos perguntou:

—Então você é rei?

Jesus respondeu:

—O senhor está dizendo que sou rei. Eu para isso nasci e para isso vim ao mundo, a fim de dar testemunho da verdade. Todo aquele que é da verdade ouve a minha voz.

Pilatos perguntou:

—O que é a verdade?

Jesus é condenado à morte

Depois de dizer isso, Pilatos voltou aos judeus e lhes disse:

—Eu não acho nele crime algum. Mas é costume entre vocês que eu solte alguém por ocasião da Páscoa. Vocês querem que eu lhes solte o rei dos judeus?

Então todos gritaram, novamente:

—Não este, mas Barrabás!

Ora, Barrabás era salteador.

Por isso, Pilatos tomou Jesus e mandou açoitá-lo. Os soldados teceram uma coroa de espinhos e a puseram na cabeça de Jesus. Também o vestiram com um manto de púrpura. Chegavam-se a ele e diziam:

—Salve, rei dos judeus!

E davam-lhe bofetadas.

Pilatos saiu outra vez e disse aos judeus:

—Eis que eu o apresento a vocês, para que saibam que não encontro nele crime algum.

Então Jesus saiu, trazendo a coroa de espinhos e o manto de púrpura. E Pilatos lhes disse:

—Eis o homem!

Quando viram Jesus, os principais sacerdotes e os seus guardas gritaram:

—Crucifique! Crucifique!

Pilatos repetiu:

—Levem-no daqui vocês mesmos e o crucifiquem, porque eu não encontro nele crime algum.

Os judeus responderam:

—Temos uma lei e, segundo essa lei, ele deve morrer, porque se fez Filho de Deus.

Pilatos, ouvindo tal declaração, ficou ainda mais atemorizado e, entrando outra vez no Pretório, perguntou a Jesus:

—De onde você é?

Mas Jesus não lhe deu resposta. Então Pilatos o advertiu:

—Você não me responde? Não sabe que tenho autoridade tanto para soltar você como para crucificá-lo?

Jesus respondeu:

—O senhor não teria nenhuma autoridade sobre mim se de cima não lhe fosse dada. Por isso, quem me entregou ao senhor tem maior pecado.

A partir desse momento, Pilatos queria soltá-lo, mas os judeus gritavam:

—Se você soltar este homem, não é amigo de César! Todo aquele que se faz rei é contra César!

Quando Pilatos ouviu essas palavras, trouxe Jesus para fora e sentou-se no tribunal, no lugar chamado Pavimento, em hebraico Gabatá. E era a preparação da Páscoa, por volta do meio-dia. E Pilatos disse aos judeus:

—Eis aqui o rei de vocês.

Eles, porém, clamavam:

—Fora! Fora! Crucifique-o!

Então Pilatos perguntou:

—Devo crucificar o rei de vocês?

Os principais sacerdotes responderam:

—Não temos rei, senão César!

Então Pilatos entregou Jesus para ser crucificado, e eles o levaram.

Uma vez condenado à morte, Jesus foi conduzido ao Gólgota, o local de Sua execução. Porém, três dias após ser sepultado, Ele ressuscitou.

Lucas 23:32-56

E também eram levados outros dois, que eram malfeitores, para serem executados com Jesus.

Quando chegaram ao lugar chamado Calvário, ali o crucificaram, bem como aos malfeitores, um à sua direita, outro à sua esquerda. Mas Jesus dizia:

—Pai, perdoa-lhes, porque não sabem o que fazem.

Então, para repartir as roupas dele, lançaram sortes. O povo estava ali e observava tudo. Também as autoridades zombavam e diziam:

—Salvou os outros. Que salve a si mesmo, se é, de fato, o Cristo de Deus, o escolhido.

Igualmente os soldados zombavam dele e, aproximando-se, trouxeram-lhe vinagre, dizendo:

—Se você é o rei dos judeus, salve a si mesmo.

Acima de Jesus estava a seguinte inscrição: "Este é o Rei dos Judeus".

Um dos malfeitores crucificados blasfemava contra Jesus, dizendo:

—Você não é o Cristo? Salve a si mesmo e a nós também.

Porém o outro malfeitor o repreendeu, dizendo:

—Você nem ao menos teme a Deus, estando sob igual sentença? A nossa punição é justa, porque estamos recebendo o castigo que os nossos atos merecem; mas este não fez mal nenhum.

E acrescentou:

—Jesus, lembre-se de mim quando você vier no seu Reino.

Jesus lhe respondeu:

—Em verdade lhe digo que hoje você estará comigo no paraíso.

Já era quase meio-dia, e, escurecendo-se o sol, houve trevas sobre toda a terra até as três horas da tarde. E o véu do santuário se rasgou pelo meio. Então Jesus clamou em alta voz:

—Pai, nas tuas mãos entrego o meu espírito!

E, dito isto, expirou.

O centurião, vendo o que tinha acontecido, deu glória a Deus, dizendo:

—Verdadeiramente este homem era justo.

E todas as multidões reunidas para aquele espetáculo, vendo o que havia acontecido, retiraram-se, batendo no peito. Entretanto, todos os conhecidos de Jesus e as mulheres que o tinham seguido desde a Galileia ficaram de longe, contemplando estas coisas.

E eis que havia um homem, chamado José, membro do Sinédrio, homem bom e justo, que não tinha concordado com o plano e a ação dos outros; era natural de Arimateia, cidade dos judeus, e esperava o Reino de Deus. Ele foi até Pilatos e lhe pediu o corpo de Jesus. E, tirando-o da cruz, envolveu-o num lençol de linho e o depositou num túmulo aberto numa rocha, onde ninguém havia sido sepultado ainda. Era o dia da preparação, e o sábado estava para começar. As mulheres que tinham vindo com Jesus desde a Galileia seguiram José e viram o túmulo e como o corpo foi colocado ali. Então se retiraram para preparar óleos aromáticos e perfumes.

E, no sábado, descansaram, segundo o mandamento.

Lucas 24:1-12,36-53

Mas, no primeiro dia da semana, alta madrugada, as mulheres foram ao túmulo, levando os óleos aromáticos que haviam preparado. Encontraram a pedra removida do túmulo, mas, ao entrar, não acharam o corpo do Senhor Jesus. Aconteceu que, perplexas a esse respeito, apareceram-lhes dois homens com roupas resplandecentes. Estando elas com muito medo e baixando os olhos para o chão, eles disseram:

—Por que vocês estão procurando entre os mortos aquele que vive? Ele não está aqui, mas ressuscitou. Lembrem-se do que ele falou para vocês, estando ainda na Galileia: "É necessário que o Filho do Homem seja entregue nas mãos de pecadores, seja crucificado e ressuscite no terceiro dia".

Então elas se lembraram das palavras de Jesus. E, voltando do túmulo, anunciaram todas estas coisas aos onze e a todos os outros que estavam com eles. Essas mulheres eram Maria Madalena, Joana e Maria, mãe de Tiago; também as demais que estavam com elas confirmaram estas coisas aos apóstolos. Mas para eles tais palavras pareciam um delírio; eles não acreditaram no que as mulheres diziam. Pedro, porém, levantando-se, correu ao túmulo. E, abaixando-se, viu somente os lençóis de linho e nada mais; e retirou-se para casa, admirado com o que tinha acontecido.

Falavam eles ainda estas coisas quando Jesus apareceu no meio deles e lhes disse:

—Que a paz esteja com vocês!

Eles, porém, ficaram assustados e com medo, pensando que estavam vendo um espírito. Mas ele lhes disse:

—Por que vocês estão assustados? E por que surgem dúvidas no coração de vocês? Vejam as minhas mãos e os meus pés, que sou eu mesmo. Toquem em mim e vejam que é verdade, porque um espírito não tem carne nem ossos, como vocês estão vendo que eu tenho.

Dizendo isto, mostrou-lhes as mãos e os pés. E, por não acreditarem eles ainda, por causa da alegria, e como estavam admirados, Jesus lhes disse:

—Vocês têm aqui alguma coisa para comer?

Então lhe apresentaram um pedaço de peixe assado, e ele comeu na presença deles.

A seguir, Jesus lhes disse:

—São estas as palavras que eu lhes falei, estando ainda com vocês: era necessário que se cumprisse tudo o que está escrito a respeito de mim na Lei de Moisés, nos Profetas e nos Salmos.

Então lhes abriu o entendimento para compreenderem as Escrituras. E disse-lhes:

—Assim está escrito que o Cristo tinha de sofrer, ressuscitar dentre os mortos no terceiro dia, e que em seu nome se pregasse arrependimento para remissão de pecados a todas as nações, começando em Jerusalém. Vocês são testemunhas destas coisas. Eis que envio sobre vocês a promessa de meu Pai; permaneçam, pois, na cidade, até que vocês sejam revestidos do poder que vem do alto.

Então Jesus os levou para fora, até Betânia. E, erguendo as mãos, os abençoou. Aconteceu que, enquanto os abençoava, ia-se retirando deles, sendo elevado para o céu. Então eles, adorando-o, voltaram para Jerusalém cheios de alegria. E estavam sempre no templo, louvando a Deus.

Cerca de dez dias após a ascensão de Jesus ao Céu, o Espírito Santo foi derramado com poder sobre os discípulos, capacitando-os a pregar o evangelho ousadamente.

Atos 2

Ao cumprir-se o dia de Pentecostes, estavam todos reunidos no mesmo lugar. De repente, veio do céu um som, como de um vento impetuoso, e encheu toda a casa onde estavam sentados. E apareceram, distribuídas entre eles, línguas, como de fogo, as quais pousaram sobre cada um deles. Todos ficaram cheios do Espírito Santo e começaram a falar em outras línguas, segundo o Espírito lhes concedia que falassem.

Estavam morando em Jerusalém judeus, homens piedosos, vindos de todas as nações debaixo do céu. Assim, quando se fez ouvir aquela voz, afluiu a multidão, que foi tomada de perplexidade, porque cada um os ouvia falar na sua própria língua. Estavam atônitos e se admiravam, dizendo:

—Vejam! Não são galileus todos esses que aí estão falando? Então como os ouvimos falar, cada um em nossa própria língua materna? Somos partos, medos, elamitas e os naturais da Mesopotâmia, Judeia, Capadócia, Ponto e Ásia, da Frígia, da Panfília, do Egito e das regiões da Líbia, nas imediações de Cirene, e romanos que aqui residem, tanto judeus como prosélitos, cretenses e árabes. Como os ouvimos falar sobre as grandezas de Deus em nossas próprias línguas?

Todos, atônitos e perplexos, perguntavam uns aos outros:

—O que será que isso quer dizer?

Outros, porém, zombando, diziam:

—Estão bêbados!

Então Pedro se levantou, junto com os onze, e, erguendo a voz, dirigiu-se à multidão nestes termos:

—Homens da Judeia e todos vocês que moram em Jerusalém, tomem conhecimento disto e prestem atenção no que vou dizer. Estes homens não estão bêbados, como vocês estão pensando, porque são apenas nove horas da manhã. Mas o que está acontecendo é o que foi dito por meio do profeta Joel:

“E acontecerá nos últimos dias,
diz Deus,
que derramarei o meu Espírito
sobre toda a humanidade.

Os filhos e as filhas de vocês
profetizarão,
os seus jovens terão visões,
e os seus velhos sonharão.

Até sobre os meus servos
e sobre as minhas servas
derramarei o meu Espírito
naqueles dias,
e profetizarão.

Mostrarei prodígios
em cima no céu
e sinais embaixo na terra:
sangue, fogo e nuvens de fumaça.

O sol se transformará em trevas,
e a lua, em sangue,
antes que venha o grande
e glorioso Dia do Senhor.

E acontecerá que todo aquele
que invocar o nome do Senhor
será salvo”.

—Israelitas, escutem o que vou dizer: Jesus, o Nazareno, homem aprovado por Deus diante de vocês com milagres, prodígios e sinais, os quais o próprio Deus realizou entre vocês por meio dele, como vocês mesmos sabem, a este, entregue conforme o plano determinado e a presciência de Deus, vocês mataram, crucificando-o por meio de homens maus. Porém Deus o ressuscitou, livrando-o da agonia da morte, porque não era possível que fosse retido por ela. Porque Davi fala a respeito dele, dizendo:

"Eu sempre via o Senhor
diante de mim,
porque ele está à minha direita,
para que eu não seja abalado.
Por isso, o meu coração
se alegra
e a minha língua exulta;
além disto, também
a minha própria carne
repousará em esperança,
porque não deixarás
a minha alma na morte,
nem permitirás que
o teu Santo veja corrupção.

Fizeste-me conhecer
os caminhos da vida,
e me encherás de alegria
na tua presença".

—Irmãos, permitam-me falar-lhes claramente a respeito do patriarca Davi: ele morreu e foi sepultado, e o seu túmulo permanece entre nós até hoje. Sendo, pois, profeta e sabendo que Deus lhe havia jurado que um dos seus descendentes se assentaria no seu trono, prevendo isto, referiu-se à ressurreição de Cristo, que nem foi deixado na morte, nem o seu corpo experimentou corrupção. Deus ressuscitou este Jesus, e disto todos nós somos testemunhas. Exaltado, pois, à direita de Deus, tendo recebido do Pai a promessa do Espírito Santo, derramou isto que vocês estão vendo e ouvindo. Porque Davi não subiu aos céus, mas ele mesmo afirma:

"Disse o Senhor ao meu Senhor:
'Sente-se à minha direita,
até que eu ponha os seus inimigos
por estrado dos seus pés'".

—Portanto, toda a casa de Israel esteja absolutamente certa de que a este Jesus, que vocês crucificaram, Deus o fez Senhor e Cristo.

Quando ouviram isso, ficaram muito comovidos e perguntaram a Pedro e aos demais apóstolos:

—Que faremos, irmãos?

Pedro respondeu:

—Arrependam-se, e cada um de vocês seja batizado em nome de Jesus Cristo para remissão dos seus pecados, e vocês receberão o dom do Espírito Santo. Porque a promessa é para vocês e para os seus filhos, e para todos os que ainda estão longe, isto é, para todos aqueles que o Senhor, nosso Deus, chamar.

Com muitas outras palavras deu testemunho e exortava-os, dizendo:

—Salvem-se desta geração perversa.

Então os que aceitaram a palavra de Pedro foram batizados, havendo um acréscimo naquele dia de quase três mil pessoas.

E perseveravam na doutrina dos apóstolos e na comunhão, no partir do pão e nas orações. Em cada alma havia temor; e muitos prodígios e sinais eram feitos por meio dos apóstolos. Todos os que criam estavam juntos e tinham tudo em comum. Vendiam as suas propriedades e bens, distribuindo entre todos, à medida que alguém tinha necessidade. Diariamente perseveravam unânimes no templo, partiam pão de casa em casa e tomavam as suas refeições com alegria e singeleza de coração, louvando a Deus e contando com a simpatia de todo o povo. Enquanto isso, o Senhor lhes acrescentava, dia a dia, os que iam sendo salvos.

Paulo, um perseguidor dos primeiros cristãos, encontrou o Jesus ressuscitado na estrada para Damasco. Depois de convertido, ele contribuiu, mais do que qualquer outra pessoa no primeiro século, com divulgação do evangelho entre os judeus, mas principalmente entre os gentios. Ele proclamava que o Cristo crucificado e ressuscitado era o Messias prometido a Israel e o Senhor Soberano sobre toda a Terra. Paulo escreveu muitas cartas aos primeiros cristãos nas quais explicava o significado da morte e ressurreição de Cristo.

Romanos 3:21-26

Mas, agora, sem lei, a justiça de Deus se manifestou, sendo testemunhada pela Lei e pelos Profetas. É a justiça de Deus mediante a fé em Jesus Cristo, para todos e sobre todos os que creem. Porque não há distinção, pois todos pecaram e carecem da glória de Deus, sendo justificados gratuitamente, por sua graça, mediante a redenção que há em Cristo Jesus, a quem Deus apresentou como propiciação, no seu sangue, mediante a fé. Deus fez isso para manifestar a sua justiça, por ter ele, na sua tolerância, deixado impunes os pecados anteriormente cometidos, tendo em vista a manifestação da sua justiça no tempo presente, a fim de que o próprio Deus seja justo e o justificador daquele que tem fé em Jesus.

Romanos 10:8-13

Isto é, a palavra da fé que pregamos. Se com a boca você confessar Jesus como Senhor e em seu coração crer que Deus o ressuscitou dentre os mortos, você será salvo. Porque com o coração se crê para a justiça e com a boca se confessa para a salvação. Pois a Escritura diz: "Todo aquele que nele crê não será envergonhado". Porque não há distinção entre judeu e grego, uma vez que o mesmo é o Senhor de todos, rico para com todos os que o invocam. Porque: "Todo aquele que invocar o nome do Senhor será salvo".

Efésios 2:1-10,13-22

Ele lhes deu vida, quando vocês estavam mortos em suas transgressões e pecados, nos quais vocês andaram noutro tempo, segundo o curso deste mundo, segundo o príncipe da potestade do ar, do espírito que agora atua nos filhos da desobediência. Entre eles também nós todos andamos no passado, segundo as inclinações da nossa carne, fazendo a vontade da carne e dos pensamentos; e éramos por natureza filhos da ira, como também os demais.

Mas Deus, sendo rico em misericórdia, por causa do grande amor com que nos amou, e estando nós mortos em nossas transgressões, nos deu vida juntamente com Cristo — pela graça vocês são salvos — e juntamente com ele nos ressuscitou e com ele nos fez assentar nas regiões celestiais em Cristo Jesus. Deus fez isso para mostrar nos tempos vindouros a suprema riqueza da sua graça, em bondade para conosco, em Cristo Jesus.

Porque pela graça vocês são salvos, mediante a fé; e isto não vem de vocês, é dom de Deus; não de obras, para que ninguém se glorie. Pois somos feitura dele, criados em Cristo Jesus para boas obras, as quais Deus de antemão preparou para que andássemos nelas.

Mas agora, em Cristo Jesus, vocês, que antes estavam longe, foram aproximados pelo sangue de Cristo. Porque ele é a nossa paz. De dois povos ele fez um só e, na sua carne, derrubou a parede de separação que estava no meio, a inimizade. Cristo aboliu a lei dos mandamentos na forma de ordenanças, para que dos dois criasse em si mesmo uma nova humanidade, fazendo a paz, e reconciliasse ambos em um só corpo com Deus, por meio da cruz, destruindo a inimizade por meio dela. E, quando veio, Cristo evangelizou paz a vocês que estavam longe e paz também aos que estavam perto; porque, por meio dele, ambos temos acesso ao Pai em um só Espírito.

Assim, vocês não são mais estrangeiros e peregrinos, mas concidadãos dos santos e membros da família de Deus, edificados sobre o fundamento dos apóstolos e profetas, sendo ele mesmo, Cristo Jesus, a pedra angular. Nele, todo o edifício, bem-ajustado, cresce para ser um santuário dedicado ao Senhor. Nele também vocês estão sendo edificados, junto com os outros, para serem morada de Deus no Espírito.

O último livro da Bíblia registra a visão que Deus concedeu ao apóstolo João sobre o final dos tempos: uma descrição minuciosa da restauração do mundo que Deus prometeu realizar.

Apocalipse 21:1-8

E vi novo céu e nova terra, pois o primeiro céu e a primeira terra passaram, e o mar já não existe. Vi também a cidade santa, a nova Jerusalém, que descia do céu, da parte de Deus, preparada como uma noiva enfeitada para o seu noivo. Então ouvi uma voz forte que vinha do trono e dizia:

—Eis o tabernáculo de Deus com os seres humanos. Deus habitará com eles. Eles serão povos de Deus, e Deus mesmo estará com eles e será o Deus deles. E lhes enxugará dos olhos toda lágrima. E já não existirá mais morte, já não haverá luto, nem pranto, nem dor, porque as primeiras coisas passaram.

E aquele que estava sentado no trono disse:

—Eis que faço novas todas as coisas.

E acrescentou:

—Escreva, porque estas palavras são fiéis e verdadeiras.

Disse-me ainda:

—Tudo está feito! Eu sou o Alfa e o Ômega, o Princípio e o Fim. Eu, a quem tem sede, darei de graça da fonte da água da vida. O vencedor herdará estas coisas, e eu serei o Deus dele e ele será o meu filho. Quanto, porém, aos covardes, aos incrédulos, aos abomináveis, aos assassinos, aos imorais, aos feiticeiros, aos idólatras e a todos os mentirosos, a parte que lhes cabe será no lago que está queimando com fogo e enxofre, a saber, a segunda morte.

Apocalipse 22:16-17,20-21

—Eu, Jesus, enviei o meu anjo para dar testemunho destas coisas a vocês nas igrejas. Eu sou a Raiz e a Geração de Davi, a brilhante Estrela da Manhã.

O Espírito e a noiva dizem:

—Vem!

Aquele que ouve, diga:

—Vem!

Aquele que tem sede venha, e quem quiser receba de graça a água da vida.

Aquele que dá testemunho destas coisas diz:

—Certamente venho sem demora.

Amém! Vem, Senhor Jesus!

A graça do Senhor Jesus esteja com todos.

Notas

Notas

Notas